DE L'AMÉLIORATION DE LA CLASSE OUVRIÈRE.

DE L'ABUS
DU TRAVAIL
LE DIMANCHE,

PAR CORBIE,
EX-SERRURIER.

Quitte là le marteau, les pinces, la truelle,
Ce n'est plus à la loi qu'on se montre rebelle ;
Surtout quand prescrivant le chôme et le repos
Elle paraît d'accord avec l'ordre nouveau.

L'ouvrage fait aujourd'hui n'est pas à faire
demain.

PRIX : 40 CENT.

PARIS,
IMPRIMERIE DE WITTERSHEIM,
RUE MONTMORENCY, 8.

1848

DE L'AMÉLIORATION DE LA CLASSE OUVRIÈRE.

DE L'ABUS
DU TRAVAIL
LE DIMANCHE.

Emettre et populariser ses idées quand elles tendent à une amélioration sociale et au bonheur de tous, c'est aujourd'hui encore plus que jamais un devoir pour tout citoyen qui se sent animé de quelque zèle, de quelque désir, capable d'augmenter le bien-être général.

Et voilà pourquoi dans des circonstances difficiles, où tous les bons citoyens font des efforts incessants pour atteindre ce but, je n'ai pas cru devoir rester spectateur paisible et inactif.

Animé d'une ardeur non moins louable que désintéressée, j'ai toujours eu à cœur le bien-être de l'ouvrier, n'importe le genre, n'importe la condition, et je me suis, pendant un nombre considérable d'années, efforcé de trouver un moyen propre à l'assurer indistinctement à tous. Ce moyen j'ai cru le voir dans l'organisation du travail.

Aussi lorsque à l'aurore de ce gouvernement sage et paternel, qui dans ses sollicitudes promet à la France tant de beaux jours, j'ai entendu parler d'organisation du travail, il m'a paru opportun de bénir l'heure et le moment qui ont fait naître dans mon esprit l'idée et la pensée de m'en occuper nombre d'années auparavant. Je ne dois donc pas dissimuler que si je puis, tant soit peu, contribuer à un bienfait d'où doit découler le bien-être d'un si grand nombre de mes collaborateurs, je le dois bien moins à mes faibles lumières qu'à la longue expérience que j'ai acquise dans les ateliers. Ouvrier comme eux et participant par cette raison de tout ce que leur condition leur procure de bien-être ou de dénûment, on sera sans doute moins étonné de mes désirs à voir changer leur sort.

Trois choses se sont présentées à mon esprit : la trop longue durée du travail, qui les use avant le temps; l'absence de toute relâche, si l'on excepte le chômage, et enfin, le surcroît de temps de labeur accordé le plus souvent aux uns au détriment intolérable des autres.

Rien ne devrait se faire dans le monde, et surtout dans un pays civilisé comme le nôtre, sans qu'il en résultât le plus grand bien possible pour le bien-être général, comme pour le bien-être particulier; puisque l'on a conçu la résolution de se donner tous à chacun, et chacun à tous. Or, je vous le demande, observe-t-on cette règle de conduite, lorsque pour soutenir la concurrence avec plus de succès, ou pour pouvoir satisfaire un client quelques heures plus tôt, on donne à un ou à plusieurs ouvriers la latitude de travailler quelques heures de plus? et cet ouvrier à qui l'on a fait faire déjà une journée trop longue, et propre à affaisser même les plus robustes, trouve-t-il toujours dans ce surcroît d'occupation ses intérêts, ou plutôt sa satisfaction personnelle ?

Malheureusement non. Déjà il se croit malheureux de ne pas jouir du repos dont jouissent ses collègues, qui ont su se le ménager pour un moment opportun, tandis qu'il est, lui, obligé de proportionner la durée du travail à la durée d'un repos souvent trop long et presque toujours mal combiné. Car à travers les dures et cruelles épreuves que nous venons de traverser, l'ouvrier, presque toujours mal inspiré, et sans discernement, s'il ajoutait à ses heures de labeur, il n'y ajoutait pas toujours dans un but d'économie; il y ajoutait ordinairement pour gagner plus d'argent afin de pouvoir ensuite dépenser, davantage et prolonger les heures d'un repos, qui, si l'on en considère l'usage, porte plutôt atteinte à sa santé qu'il ne la ménage. Que l'on considère, en général, tous ces ouvriers qui ne savent pas plus se modérer dans leurs occupations que dans leur repos, l'on n'en verra pas un dont le physique ne soit essentiellement altéré ; d'un autre côté, cet ouvrier ainsi porté et enclin au gaspillage comme au mauvais emploi du temps, jouit-il de toute la force, de toute la vigueur de ses facultés physiques et intellectuelles? Perfectionne-t-il ses ouvrages, comme s'il était dans son état normal ? Nullement : à ses heures d'occupation il rêve, il soupire après le moment qui le délivrera de l'attention et du temps qu'il doit à ses œuvres. Dans le repos il n'est pas dans une condition meilleure, si les liquides n'ont pas plongé son esprit dans l'oubli absolu de ses devoirs, et si une dégradation morale n'a point encore étouffé les remords tracassiers et aigus de la concience. Ne serait-il donc pas urgent d'apporter, par plus de tact et d'à propos, un remède à cet état de chose, qui sans enrichir les uns ruine les autres et qui, loin de procurer une large part de bonheur, enlève jusqu'à l'espérance. Et l'homme assez insouciant pour ne pas, par des sages combinaisons, bien user de son temps, peut-il être susceptible d'espérance ? Le croire ainsi ce serait le comble de la démence et du délire. L'espérance ne peut être que le partage de l'homme sagement et noblement ambitieux. Dans l'ambition modérée, ce que nous pourrions peut-être appeler mieux encore, bon vouloir ou sage émulation, se trouve seulement la vraie espérance; je dis la vraie espérance, parce que j'entends parler de cette espérance qui doit combler ses vœux.

Outre que la distribution partiale du travail rend les œuvres de celui-ci susceptibles de moins de perfection, parce que l'attention de l'ouvrier est moins agissante à mesure qu'elle se trouve trop longtems soutenue, et parce que son goût, mobile principal et essentiel dans toutes sortes d'ouvrages; s'affaiblit et s'atténue, elle porte encore une atteinte funeste à d'autres en lésant leurs intérêts, en leur enlevant l'assiduité, qui est dans un travail quelconque la condition première du perfectionnement et du fini.

D'ailleurs l'ouvrier qui accepte de ses patrons plus d'occupation que ne le permettent ses forces, y est déterminé, ou pour réparer un temps perdu pour tous, et pour lui principalement, ou enfin pour une raison qu'il n'est pas toujours permis de préciser ni de prévoir.

Dans le premier cas, pourquoi ne lui ferait-on pas une obligation impérieuse de l'assiduité eu égard aux grands avantages qui en découlent. Dans le second cas, c'est-à-dire dans ce cas qu'il ne vous est pas permis de connaître au juste, parce qu'il peut y être déterminé ou pour satisfaire à des besoins de famille, à des obligations, ou peut-être pour remplir certains devoirs sacrés qu'un ouvrier, mu par un sentiment louable, peut s'imposer, ne pourrait-il pas trouver la même faculté dans des moments perdus, et quelquefois même sacrifiés à des choses insignifiantes et tout au plus contraires à ses intérêts.

On peut diviser les ouvriers en deux classes : ceux qui jouissent d'une bonne conduite, et ceux qui n'en ont pas du tout. Or je vous le demande, est-il juste que ces ouvriers qui font toute l'espérance et la joie de leur famille chôment de préférence à ceux qui portent dans les leurs le désespoir et l'horreur? Sauf quelques exeptions malheureusement trop nombreuses encore, quoiqu'excessivement rares, n'est-il pas plus, raisonnable de croire que dans les premiers il y a plus de ressources que dans les seconds? N'est-il pas plus évident que ces hommes qui jouissent toujours de toutes leurs facultés, soit morales, soit physiques, aient plus de talent et d'à propos, plus d'application et plus de goût, que ceux à qui le dédain et le découragement, inséparables de l'inconduite, refusent tout désir et toute intention de bien faire? Cela n'est pas à supposer, cela ne souffre non plus le moindre examen, la moindre contradiction.

Il est donc du devoir de toute personne susceptible d'occuper des ouvriers, n'importe le genre, de ne pas négliger les premiers en faveur des seconds; puisque entre les personnes également indispensables de travailler, s'il y avait un choix à faire, une préférence à accorder, on devrait opter pour les premiers plutôt que pour les autres.

Je sais bien que dans les temps actuels où les préférences et les priviléges sont devenus impossibles, on ne doit point avoir d'égards pour personne; mais à tout le moins il faut que les plus méritants et les plus dignes soient sûrs de ne point être frustrés ni lésés dans leurs intérêts, parce qu'ils auront naturellement plus de ressources et plus de moyens d'existence.

On parle d'égalité, mais l'égalité doit être dans les moyens d'agir et non dans les résultats et l'usufruit de l'action. On parle de liberté; mais la liberté doit plutôt être dans la justice et le partage mesuré de l'ouvrage, que dans la faculté de faire plus ou moins qu'on ne peut. Passons maintenant à la fraternité pour compléter cette fameuse devise qui a soulevé le monde comme un seul homme en ramenant l'espérance dans tous les cœurs. Aura-t-on porté atteinte à la fraternité quand on aura forcé des individus, des ouvriers qui s'usent le tempérament, ou dans la débauche, ou dans les veilles, ou dans cette incertitude haletante que l'on éprouve dans le jeu en attendant le résultat de sa bonne ou de sa mauvaise fortune, à rentrer en eux-mêmes? Cela n'est point à supposer. En diminuant les occasions de s'égarer, l'égarement deviendra moins possible; en en ravifiant les moyens, on l'aura tout-à-fait anéanti.

Il est facile de se convaincre qu'en favorisant les premiers de la cession de la part incontestable qui leur revient, on élague tous les dangers inhérents à l'oisiveté, du contact de laquelle il faut éloigner tout homme bien disposé, et on enlève à ceux en qui les passions prévalent sur la raison, une partie des moyens qui les entraînent dans les voies du dénûment et de la misère.

L'appas du gain quelquefois, un sentiment d'amour propre mal placé ou plutôt l'égoïsme que l'on explique difficilement dans l'homme, voyageur sur cette terre, séjour habituel de la tribulation, font que tout ouvrier de bonne conduite est presque toujours sacrifié à celui qui n'en a pas. On ne craint point dans celui-ci la possibilité d'une concurrence éventuelle, parce que semblable à l'urne sans fond des Danaïdes, il ne retient, il ne conserve rien de ce qu'il gagne, tandis qu'on la craint de celui-là, qui trouverait la facilité de la faire dans un travail permanent, dans des bénéfices qu'il réaliserait. Singulières aberrations des hommes, qui font que nés pour s'entr'aider, afin de fraterniser comme des êtres que leur origine presque céleste devrait mettre au-dessus de toutes les passions que la cupidité suggère, de toutes les haines et les ressentiments que le noble et trop sublime principe de la fraternité repousse, ils s'entre déchirent, ils se diffament! Sont-ils bien conséquents ces derniers de consacrer au travail un temps qu'ils devraient consacrer à leur repos?

Quand on considère l'homme dans sa manière d'agir, l'on serait tenté de croire qu'il n'a reçu la raison, ce fleuron des prérogatives dont il a été privilégié, que pour en mésuser, que pour montrer qu'il en est le plus indigne et le moins susceptible d'entre les êtres qui ont vie, ou qui respirent. En effet l'animal, la brute, considère la vie, l'existence comme ce qu'il tient de plus précieux de la part du créateur; aussi sacrifie-t-elle tout à la vie. En est-il de même de l'homme, je vous le demande? Sait-il sacrifier ses intérêts à son repos, les avantages résultant de son ambition démésurée, à sa vie? L'expérience prouve malheureusement le contraire. Car tandis que privée de raison, plus confiante dans la providence, la brute quitte son gîte pour sauver sa vie dans l'espérance d'en trouver un autre conforme à ses besoins ou à sa nature, celui-la au contraire insatiable dans la crainte de manquer du nécessaire au milieu d'une opulence au-dessus de tout besoin, sacrifie ou risque sa vie à travers les écueils et les tempêtes pour aller chercher outre mer ce qu'il tient déjà en sa disposition. Toutefois qu'est-ce que le superflu, sinon un surcroît de tourments et de sollicitudes. La paix du cœur dont jouit celui qui a une fortune médiocre et capable de le mettre à l'abri des atteintes de la misère n'est-elle pas cent fois préférable à la soif de l'or qui tourmente et torture sans relâche?

Les richesses, qui sont plutôt pour l'homme un sujet de perdition qu'un moyen de salut, sont-elles préférables au repos, sans lequel il n'est pas donné à l'être vivant de passer ses jours en liberté et de vivre heureux? Et quelle condition plus dure, plus cruelle, plus impitoyable pour les esclaves que celle de ne point pouvoir disposer du temps de leur repos comme ils le voudraient? Quelle chaîne plus lourde et plus intolérable que celle d'où l'homme tire le plus indubitablement le principe de sa fin. Y a-t-il de repos possible pour qui que ce soit quand on est entaché de pareilles entraves?

Quand on est privé de sa première condition d'existence; comment l'homme pourrait-il ne pas juger son repos nécessaire, quand celui de qui il tient la vie lui en a fait dans son propre intérêt, je ne dis pas une obligation, mais une loi. Dans l'Ancien Testament n'a-t-il pas été fait mention d'observer le septième jour, de le consacrer à ses devoirs religieux. Tous les peuples à l'envi, quel que soit leur culte, ne le sanctifient-ils pas? Tout le mal ne vient pas précisément de l'infraction de celui qui travaille, il vient bien plutôt encore de celui qui donne à travailler. Nul n'ignore qu'essentiellement religieux, les ouvriers, comme les autres hommes, ne se feraient point une difficulté de sacrifier bien des instants à observer un des dix commandements tracés sur les tables de la loi : si l'on veut s'en convaincre on n'a qu'à considérer le respect avec lequel ils ont salué le 24 février, l'image de la rédemption. Plus tard, dans le Nouveau, n'a-t-il pas été écrit que l'homme consacrerait un jour déterminé de chaque semaine pour vaquer à ses devoirs sacrés, ou aux plaisirs licites qui peuvent apporter quelques douceurs à sa condition malheureuse? Le repos est chose si indispensable pour lui, que pendant qu'il sacrifie celui qui lui est imposé par une volonté qu'il ne doit point blesser, il s'en crée, lui, un autre à sa guise comme pour perdre le fruit attaché à l'obéissance et à courir tous les dangers et les périls qui sont inséparables de la désobéissance ordinairement si odieuse à l'arbitre de ses destinées. Et dans quel but, s'il vous plaît, se place-t-il ainsi dans une fausse position? Est-ce dans le but louable de faire des économies, et de se montrer ménager du temps? Plût au ciel qu'il en fût ainsi. Sa manière d'agir est sans but arrêté, sans combinaison aucune. S'il travaille les dimanches ou les jours fériés, c'est par infraction plutôt que par calcul, par manière d'acquit plutôt que par besoin; puisqu'il ménage, qu'il utilise le temps aujourd'hui, pour le dépenser inutilement demain. Son rêve habituel à lui c'est la liberté qu'il croit trouver dans ses caprices, plutôt que dans les liens sacrés du devoir. Il craint de la perdre dans celui-ci qui ne peut nullement en altérer la jouissance, lorsqu'il croit l'augmenter dans ceux-là qui lui en enlève jusqu'à l'idée, jusqu'au souvenir. Encore s'il ne sacrifiait que son repos, et qu'il satisfît aux besoins essentiels de préférence aux besoins qu'il s'est créés, eût-on l'avantage de pouvoir l'en louer; mais c'est qu'il n'est pas plus heureux dans le choix des moyens de satisfaire à ses besoins que dans le choix de ses jours de repos. Car, pour satisfaire la passion du jeu, ou soit de l'intempérence, il n'oubliera rien pour passer outre, relativement à ce qui est de satisfaire à des besoins ayant pour but de témoigner, et de la bonne conduite des hommes et du discernement qui les caractérise, pas plus qu'il oubliera de se confondre avec ceux qui cultivent le vice plutôt que la vertu. Il prendra même part de préférence à la réprobation publique dont ils sont l'objet. Il a presque toujours de l'argent pour contenter ses désirs, qui lui enlèvent jusqu'à la possibilité de se vêtir, et il n'en a jamais pour satisfaire à des besoins dont l'action seule d'y satisfaire lui vaudrait l'estime de tous, et la bienveillance de ceux qu'il fréquente. Souvent il négligera sa mise, sa toilette, moyen inépuisable de satisfaction, pour la plupart, afin de satisfaire un caprice de quelques heures, de quelques instants; ou bien il s'exposera à la rigueur du temps, au froid, à la neige, aux frimats, aux maladies même, pour des satisfactions non moins illusoires que chimériques.

Ce même repos que j'ai révendiqué pour les ouvriers je le revendique également pour les commerçants, même pour ceux qui vendent des marchandises nutritives, comme la viande, le poisson, les légumes de tout genre, la sucrerie, la patisserie, et mille autres objets de cette nature qu'il est inutile de mentionner. Les débitants d'objets de première nécessité, comme le pain, que l'on doit mettre en première ligne, la viande le vin, l'huile, etc., pourraient au pis aller rester ouverts jusqu'à midi, et tout le monde trouverait dans la demi-journée le temps suffisant de se pourvoir. C'est ainsi que ces gens qui n'ont pas un moment de liberté pour se procurer la plus petite jouissance, le moindre relâche trouveraient dans cette journée qui se répète quatre à cinq fois le mois, quelques instants de distraction, et de délassement, ou enfin de plaisirs conformes à leurs goûts, ce serait un moyen sûr et presque infaillible de raviver dans la société cet échange de bons rapports et de bienveillance particulière qui ne semble plus trouver place dans le monde même civilisé, où il devrait tenir le premier rang. La fraternité elle-même, si apte à y mettre le comble, répandrait partout les effets de sa douce influence.

Je ne dois pas passer sous silence les avantages immenses que le commerce trouverait dans une telle détermination. Il ne faut pas perdre de vue que le repos est pour l'homme qui ne le goûte que dans des occasions se réproduisant de loin en loin, un sujet d'allégresse, de joie et de gaieté qui le porte à l'enjouement, aux plaisirs licites; d'où il résulte pour lui une occasion de dépense que l'isolement et la retraite lui interdisent.

Bien des gens s'effarouchent de l'augmentation réclamée avec tant d'équité de la part des ouvriers, sous prétexte que la France ne pourra plus soutenir la concurrence avec les pays étrangers; mais si les peuples voisins font les mêmes réclamations que nous; s'ils sentent comme nous que le moment d'apporter une cessation aux abus, est venu, si la misère et le dénûment leur sont devenus intolérables, leur condition, comme la nôtre devenant meilleure, tout au plus il n'y aura rien de changé dans l'ordre des transactions commerciales.

Pour se faire une idée de la possibilité d'une amélioration sociale si hautement réclamée, il ne faut que faire quelques considérations bien justes; il faut seulement considérer même que la révolution française, en 1789, en divisant davantage les fortunes, n'a pour cela portée atteinte au commerce, qui y a trouvé au contraire un moyen de prospérité incontestable.

Si l'importance des fortunes enlevait aux besoins leurs limites, et que celui qui jouit d'une fortune immense pût faire des dépenses y proportionnées, on pourrait trouver mauvais que l'on empêchât le cumul; mais l'homme excessivement riche, quand il possédera la fortune de deux cents, pourra-t-il jamais faire autant de dépenses à tous égards, ou, s'il en fait autant, donnera-t-il quelques bénéfices au grand nombre? Non; à part quelques personnes de son choix, personne ne profitera de son superflu, et son or, enfoui dans ses caves, ne lui en profitera pas plus qu'aux autres. Fût-il jamais quelque différence que celle du brillant, entre l'or enfoui et les pierres? Supposez un instant que vous êtes au milieu de l'Océan, que toutes les gouttes d'eau qu'il contient se sont changées en pièces de 20 francs, supposez que vous en êtes le maître absolu, mais que vous êtes à soixante lieues de la terre, espace que vous ne pouvez franchir que dans le délai de dix jours, que vous êtes sans vivres, sans pain, sans vin, en un mot sans subsistance aucune : de quoi vous servira votre or? Ne le donneriez-vous pas en totalité pour le plus petit volume de subsistances qui vous prolongerait la vie, sauf de chercher ensuite un moyen d'existence quelconque.

Quand les ouvriers gagneront amplement leur vie, ne dépenseront-ils pas? Parmi cette foule immense d'hommes nécessiteux et sans avenir, on trouvera sans doute un moyen de se créer des débouchés. Ceux mêmes qui sont dans une gêne continuelle, en devenant plus aisés, mettront un terme à leurs privations obligées

Le commerce, depuis la première révolution, a pris un essort qui a triplé, quadruplé les ressources de la France, et ce qui devrait nous rendre fiers et heureux, c'est que les mêmes résultats sont à espérer de février 1848, si l'on sait en recueillir tous les fruits que l'on est en droit d'en attendre.

Deux choses sont à éviter : le désordre et l'anarchie que la première a autorisée. Que le riche, jouissant en paix de sa fortune immense, laisse aux intelligences tous les moyens de prospérité et d'avenir, qu'il leur a enlevés, et la France est sauvée, en même temps qu'à couvert de commotions violentes dont les révolutions sont presque toujours inséparables.

Avant les événements de quatre-vingt-neuf, il n'y avait guère que le petit nombre qui consumât, qui fît travailler ; on se revêtait, pour le plus souvent, des hardes du riche, quand ses entrailles étaient émues à l'aspect de la misère, ou bien de quelques etoffes grossièrement travaillées, que l'on faisait durer en les rapiéçant ; on ne craignait pas de laisser tomber sa maison en ruine plutôt que de dépenser pour cause de réparation ; et si jamais on s'y déterminait, cela n'arrivait guère que lorsqu'on ne pouvait plus faire un pas sans trouver un abîme. La terre elle-même si susceptible de soin et si propre à occuper grand nombre de bras, voyait languir ses enfants dans l'oisiveté et le repos précurseurs infaillibles de la misère. Aujourd'hui les choses ont singulièrement changées ; le rapiéçage est presque aboli ; il l'est du moins pour le grand nombre. On endimanche les maisons comme les les individus, et la terre, cette bonne mère, se donnant par partie de préférence à ceux de ses enfants qui lui déchirent le sein, devient partout féconde, partout elle donne et répand les fruits suaves et délicieux qu'elle produit.

Mais ce changement quoique merveilleux ne signifie pas qu'on ne soit pas en droit d'en espérer un plus sensible encore. Les améliorations sans nombre que la révolution première a amenées, n'excluent pas celles que l'on doit désirer. La révolution première n'aurait pas pu faire des heureux s'il n'y avait pas eu de malheureux. Eh bien ! puisque Février 1848 en a laissé apercevoir un si grand nombre, qu'il soit aussi permis à Février 1848 de créer ses heureux, de fermer toutes les plaies qu'avaient ouvertes un système infâme, enfin d'extirper le malaise de la société entière.

On se fixera facilement sur les moyens à prendre pour changer les positions, si les riches comme les pauvres y mettent du leur. C'est-à-dire si les riches acceptent franchement et sans arrière-pensée cette devise étonnante d'admiration sublime de pensée : Liberté, Égalité, Fraternité. Le jour que nous cesserons d'être esclaves, c'est-à-dire que nous jouirons des droits qui doivent être communs à tous, ce jour-là nous verrons s'ouvrir devant nous la route qui conduit au bonheur ; le jour que nous serons égaux, mais vraiment égaux, je ne dis pas en fortune, en talent, mais en droit tout simplement, ce jour-là nous pourrons aviser à tous les moyens qui mènent à la prospérité, et nous y arriverons ; enfin, le jour que nous serons des frères, si nous sommes vrais, y aura-t-il quelque infortune possible ? Quand nous verrons quelqu'un des nôtres dégénérer, soit en fortune, soit en sentiment, soit en probité, ne nous ferons-nous pas un devoir de lui montrer l'abîme, au lieu de l'y précipiter comme l'on a fait jusqu'à présent.

Après s'être suffisamment éclairé sur les moyens à prendre pour améliorer son sort, il serait bon de signaler le lieu où l'on pourrait puiser ces moyens d'amélioration destinés à renouveler la face des choses, comme à faire des heureux, là où la misère avait depuis si longtemps dressé ses tentes. Si les personnes innombrables qui ne consomment pas, consommaient en devenant aisées ou riches, on occuperait un nombre infini de bras qui ne l'étaient nullement ; si les personnes qui ne s'instruisaient pas s'instruisent, et Dieu sait quel en est le nombre, une infinité d'intelligences qui étaient devenues, semblables à des plantes inutiles, qui s'occuperaient, et ces moments qui profitaient tout au plus à l'oisiveté profiteraient au peuple, à la société ; si l'on s'occupe de défricher les terres en friche, que l'on multiplie l'espèce animale et tout ce qui sert à la nourriture des hommes, voilà tout autant de productions qui ajouteront à la fortune publique, et faciliteront les moyens d'existence de chacun.

Mais, dira-t-on, quand nous serons tous riches, tous opulents, tous des seigneurs, des princes, des rois dans nos domiciles, qui se chargera du travail de la terre ? A cela je répondrai : les nouveaux besoins enfantent toujours de nouveaux moyens d'y pourvoir. Méfions-nous plutôt de notre mauvaise volonté, de notre mauvaise foi, de notre égoïsme. N'y eût-il que ceux qui ont enlevé aux pauvres tous les moyens de devenir heureux, pour trouver celui qui doit les arracher au malheur, s'en serait encore assez pour nous faire espérer.

Quelle singulière idée de l'ouvrier cependant, de renoncer à tout repos imposé et d'accepter des heures d'occupation en plus quand il mésuse de la plus grande partie de son temps.

Tel est cependant le plus grand nombre des ouvriers élevés dans Paris ou dans les environs. Plus intrigants et plus sûrs de trouver du travail que ceux de la province, ils sont aussi plus dispendieux, moins économes et plus prodigues.

On ne s'aperçoit pas qu'ils se refusent rien de ce qui a trait à la bonne chère, à la boisson, aux divertissements de tout genre, et enfin aux plaisirs licites, ou quelquefois même illicites ; ce qui les met en dehors de tout système d'économie, et les conduit à l'hôpital s'ils tombent malades, s'ils se blessent, s'ils font une chûte. Il s'en trouve dans le nombre qui sont dégoûtants par la négligence qu'ils apportent à soigner leur personne et à se tenir propres. A les voir, on ne dirait jamais qu'ils professent un état souvent lucratif. S'ils savaient comprendre leurs intérêts et qu'ils sussent se modérer dans leurs dépenses, ils seraient pour la plupart à même de s'assurer un avenir heureux et un bien-être plus que positif. Dans le célibat, ils dépensent à mesure qu'ils gagnent; dans les embarras de la famille et du ménage, ils veulent souvent mener un train tout-à-fait au-dessus de leurs facultés, et vivent le jour le jour, heureux si abusant du crédit qu'ils trouvent, parce qu'ils gagnent l'argent trop facilement, ils ne contractent pas de lourdes dettes qui leur enlèvent toute confiance et chez leurs patrons et chez les personnes d'un prêt bien souvent trop faciles pour des insouciants.

C'est ainsi que l'homme, aveuglé quelquefois par des passions désordonnées, s'éloigne du bonheur qui lui sourit et court se précipiter dans l'abîme où l'attendent la misère et toutes les horreurs qui en sont la suite.

Voilà pourquoi un système d'asssociation bien compris serait en quelque sorte chose utile pour cette portion intéressante de la société, qui, faute d'expérience et de conduite, passe la plus belle portion de sa vie dans les calculs trompeurs de l'insoucience. Accoutumés souvent dès l'enfance par leurs parents aux divertissements du spectacle, ils contractent l'habitude et le goût de ce genre de distraction qui séduit, et le goût s'en faisant chaque jour plus vivement sentir, ils trouvent déjà dans ce seul moyen de dépense un obstacle puissant à tout projet d'économie et de sage prévoyance. Il faut avouer que l'homme, dans son insatiabilité pour les plaisirs, est bien aveugle de tout céder aux déréglements, et de refuser tout à une modération sagement combinée.

Tels sont cependant les hommes qui ne rêvent que liberté; comme si cette belle prérogative pouvait trouver sa place unique dans la licence et le mépris d'un frein salutaire.

Au lieu de chercher dans le dimanche un remède à tant d'entraînement et de dissipation, ils font preuve de la plus grande antipathie pour les moyens susceptibles d'adoucir et de mitiger leurs mœurs grossières, en extirpant du fond de leur cœur ce principe de dissolution et d'inconduite si propre et si apte à leur enlever toutes les jouissances d'une vie paisible et sociale. Il y aurait sujet à l'étonnement et à la surprise, de les voir ainsi en dehors du cercle des hommes modérés à la fréquentation desquels ils auraient tant à gagner, s'ils prenaient les plus légères précautions pour s'y introduire; mais ils en abhorrent l'approche, ils ne peuvent en soutenir l'aspect. En fait de doctrines, ils ne connaissent que celles qui s'offrent à leurs regards entachées des couleurs les plus anti-sociales, et leurs oreilles se refusent à l'audition de toute autre.

C'est ainsi qu'ils passent un jour, qui devrait être consacré au repos, à la réforme et l'amélioration de leur moralité, ou dans les déréglements d'une vie désordonnée ou dans un travail qui a pour résultat, soit l'affaiblissement de la santé, soit la perte de son usufruit.

Si la province en fournit un grand nombre qui, sans être plus sages, sont du moins plus économes, la ville en fournit bien peu qui sachent travailler à leur profit, à leur propre bénéfice.

Ordinairement rustique et grossier, l'ouvrier de province fréquente bien peu le spectacle et les lieux propres à la dépense. Il s'occupe selon sa coutume, le plus qu'il peut et autant que les forces de son tempérament le lui permettent. Pour lui, pas de relâche ni les dimanches, ni les jours fériés; encore travaille-t-il quelquefois le jour et la nuit quand l'occasion s'en présente, et que ses intérêts les plus chers s'y trouvent. Son dieu, à lui, c'est l'argent. Pour l'argent, il abandonne, femme, enfants, parents, amis, foyer domestique, enfin tout: de sorte qu'on trouve de trop dans celui-ci, relativement à l'économie, ce qui manque à celui-là ; on le voit même s'imposer des privations de tout genre, se nourrir d'aliments grossiers et peu coûteux, afin de pouvoir rapporter au pays une plus forte somme pour acheter quelque gros lot de terrain, ou bâtir une petite maison où il termine paisiblement ses jours. La province gagne à ses économies, qui rendent dans ces contrées toujours agricoles et souvent aussi peu commerçantes que peu industrielles, l'argent tant soit peu moins rare.

C'est une chose inouïe que de voir les nombreuses migrations qui s'opèrent dans certaines contrées de la France, à l'approche du printemps.

Quand on voit ces bandes de travailleurs aux allures rustiques plutôt qu'artisannes, on serait tenté de croire qu'il ne reste plus aucun bras à l'agriculture. Les chemins et les routes en sont jonchés, les charrettes et les voitures en sont pleines, durant les quinze jours ou trois semaines que durent ces migrations. A voir les ouvriers qui fourmillent pendant l'hiver dans les villes, on se demande avec étonnement, comment, dans des cités populeuses, un si grand nombre de bras étrangers sont encore nécessaires et utiles. Encore ne parlons-nous ici que des ouvriers de l'intérieur sans parler de ceux de l'extérieur. Il résulte de cette surabondance d'ouvriers étrangers à Paris, et assez peu accoutumés à toucher de l'argent chez eux en grande quantité, que le commerce de la capitale en souffre en quelque sorte sous bien des rapports.

Car l'ouvrier de la province ou l'ouvrier étranger, tout en enlevant à l'ouvrier de la ville une bonne partie de ses occupations, en travaillant des heures en plus et le dimanche, trouve là un moyen facile de conserver son argent, et d'échapper à toutes les dépenses de l'entraînement et de l'exemple. Quelque avare que soit l'homme, quelque penchant qu'il ait à l'économie, il se laissera entraîner s'il lui est loisible de se récréer. Il voudrait s'en défendre qu'il ne pourrait pas ; attendu qu'il a toujours des connaissances ou des amis, des parens ou des personnes qui peuvent avoir sur lui quelque influence, pour le décider à ne pas demeurer ainsi insensible à tous les plaisirs de la vie.

Il n'est pas rare de voir passer l'homme de la plus grande réserve, à une licence mesurée, qui lui fait aimer ce qu'il a rejeté jusqu'à tel jour, et qui lui fait comprendre que l'homme qui sait gagner l'argent doit aussi savoir le dépenser avec modération et réserve, afin de ne pas passer de l'extrême économie à l'extrême prodigalité. Puisque les fortunes sont si disproportionnées qu'il n'est pas donné à chacun de tirer toutes les ressources dont il a besoin de son revenu, il faut bien que les hommes s'entendent pour se faire vivre réciproquement. Il faut que chaque individu contribue pour sa part à rendre à son semblable les moyens d'existence faciles. De là, la fraternité, condition inséparable de l'homme vivant en société.

Le monde a reçu jusqu'à ce jour au milieu de vices bien grands qui donnent tout aux uns et rien aux autres, de bien grandes plaies auxquelles on ne pourra porter remède que par des concessions mutuelles dictées par un sentiment de philanthropie jusque-là sans exemple. Il convient que chaque citoyen paye à la patrie le tribut de ses lumières en même temps que celui de son avoir et de son industrie; ce n'est guère que par des moyens semblables que l'on pourra ramener le principe de stabilité et d'entente sociale si hautement réclamé dans les circonstances actuelles.

Les violentes commotions dont l'égoïsme a ébranlé le monde, la contagion pestilentielle dont il l'a empoisonné, la froideur et l'indifférence qu'il y a semées, ne peuvent être extirpées que par un prompt retour aux sentiments nobles et sublimes dont l'humanité est susceptible.

Aujourd'hui la classe ouvrière a fait preuve d'une grande puissance dans l'essai qu'elle vient de faire de ses forces physiques et de ses forces morales. En renversant un trône puissamment assis, et fortement soutenu par la classe financière, il a montré jusqu'où va la puissance de son bras ; en respectant au milieu de l'entraînement de la victoire, les personnes et les propriétés, il a donné aux classes privilégiées un exemple de cette magnanimité, de cette grandeur, je dis plus, de cette profonde sagesse et de cette rare modération que l'on était loin de lui supposer.

C'est pourquoi il ne faut pas désespérer des suites heureuses de notre grande révolution, pas plus que des bienfaits de notre République si subitement accueillie dans tous les pays de l'Europe civilisée. Des grandes institutions naissent les grands hommes, et des grands hommes naissent les grandes choses.

En donnant à l'instruction des bases larges, en y faisant participer tous les individus qui seront susceptibles d'en recueillir les fruits et d'en goûter les bienfaits, on assurera à toutes les classes de la société un accord parfait qui ne peut surgir que de la raison bien dirigée, et un bonheur que l'on ne peut espérer que des bons rapports des hommes entre eux. Qui a plus de besoin de ce puissant remède que l'ouvrier? Qui est plus digne d'y participer.

Pour montrer à quelle date remontent mes efforts et mes sollicitudes, tendant à amener des améliorations dans le sort de la classe ouvrière, je n'ai qu'à produire une pétition ci-jointe, et transcrite dans le seul but de montrer que je ne me suis pas contenté de méditer le moyen d'y arriver, mais qu'encore j'ai fait des démarches auprès de la personne la plus influente de l'État alors, c'est-à-dire auprès de ce roi qui, pour n'avoir fait que de vaines promesses, vient malheureusement pour lui, mais heureusement pour la France, de subir lui-même le sort qu'il méritait.

Mai 1831.

A SA MAJESTÉ LOUIS PHILIPPE,

ROI DES FRANÇAIS.

SIRE,

Le soussigné, Antoine Corbie, maître serrurier à Paris, rue du faubourg Poissonnière, 10, tant en son nom qu'à celui d'autres entrepreneurs de diverses professions;

A l'honneur d'offrir à votre majesté l'hommage de son respect et de sa profonde reconnaissance.

Il vous expose, Sire, que votre avènement au trône a porté la joie dans tous les cœurs et que l'un de vos premiers actes (la création de 5,000,000 de travaux) a fait naître dans toutes les âmes la plus douce consolation qu'ait donné la mesure de votre paternelle sollicitude.

Qu'il soit donc permis à l'exposant de vous faire connaître, Sire, ce qu'il reste à désirer dans l'interêt des entrepreneurs peu aisés, et la crainte qu'ont ceux-ci de ne pas avoir une participation entière à ce beau fait.

En effet si les travaux sont divisés en forts lots, qui ne puissent être soumissionnés que par les riches entrepreneurs, leurs confrères en seront lésés d'abord, et ils éprouveront ensuite le grave préjudice de se trouver à la discrétion des ouvriers, qui ne manqueront pas de profiter de cette concurrence pour déserter les petits ateliers ou d'exiger pour leur journée un prix en dehors de toute proportion.

Un autre inconvénient également à redouter résulterait du système des soumissions cachetées, qu'on pourrait remplacer par l'évaluation d'un ouvrage basé sur les prix ordinaires du règlement.

Enfin si votre majesté ordonne la division des travaux en lots de toutes les importances, l'adjudicataire du plus minime comme du plus fort de ces lots trouvera à l'aide de son marché le crédit nécessaire à son entreprise ; tous les ouvriers seront répartis également ; dans les grands comme dans les petits ateliers ; ils joindront leurs voix à celle des maîtres, et tous ensemble ils rediront : Vive Louis-Philippe ! première ovation sous l'impression de laquelle,

Je suis avec respect,

Sire,

De votre majesté, le très-humble et très respectueux serviteur.

CORBIE.

Paris. Imprimerie de Wittersheim, rue Montmorency, 8.

www.ingramcontent.com/pod-product-compliance
Ingram Content Group UK Ltd.
Pitfield, Milton Keynes, MK11 3LW, UK
UKHW032036260826
14628UKWH00006B/2985

9 782019 668877